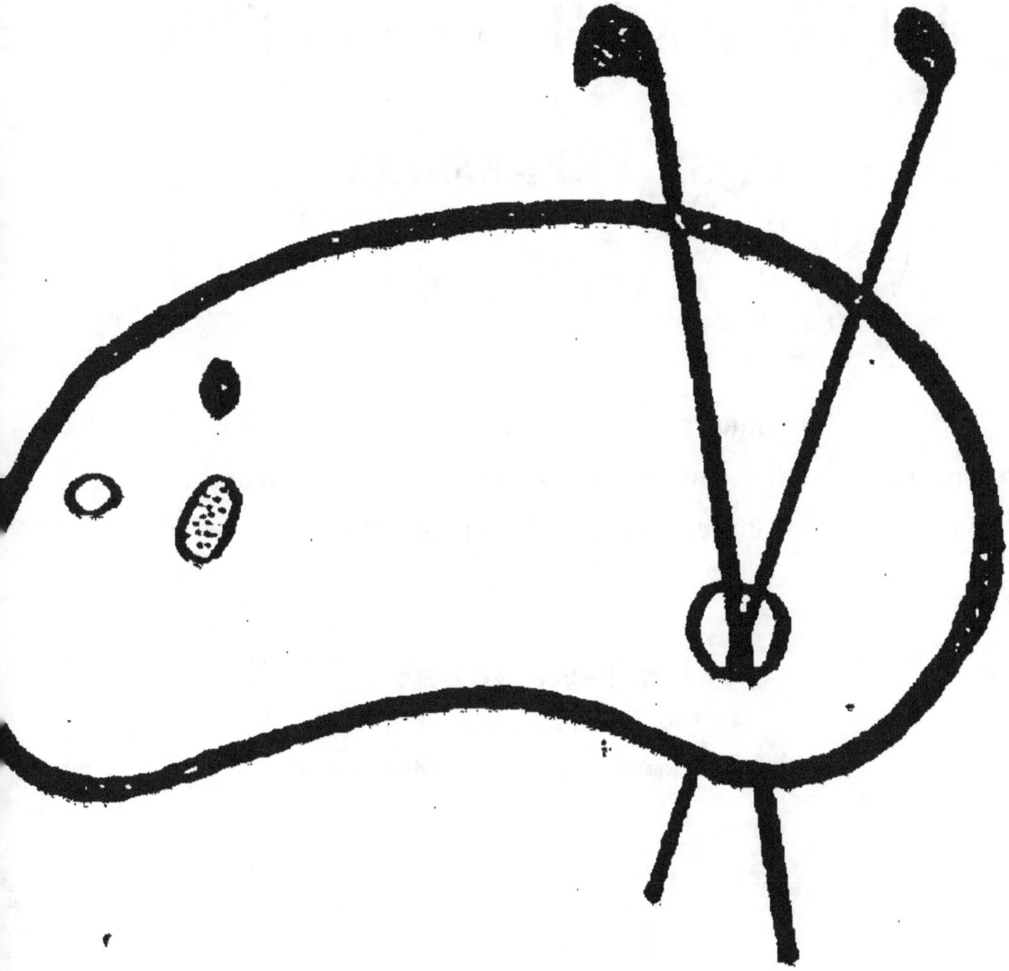

**DEBUT D'UNE SERIE DE DOCUMENTS
EN COULEUR**

LA
MALVEILLANCE AU PERCHE

ET SA RÉPRESSION

AU XVIIIᵉ SIÈCLE

DISCOURS LU A L'ASSEMBLÉE GÉNÉRALE

DE LA SOCIÉTÉ PERCHERONNE D'HISTOIRE ET D'ARCHÉOLOGIE

A MORTAGNE, LE 4 OCTOBRE 1904

Par M. l'Abbé GODET

Curé du Pas-Saint-Lhomer

Correspondant national de la Société des Antiquaires de France

BELLÊME

IMPRIMERIE DE GEORGES LEVAYER

1905

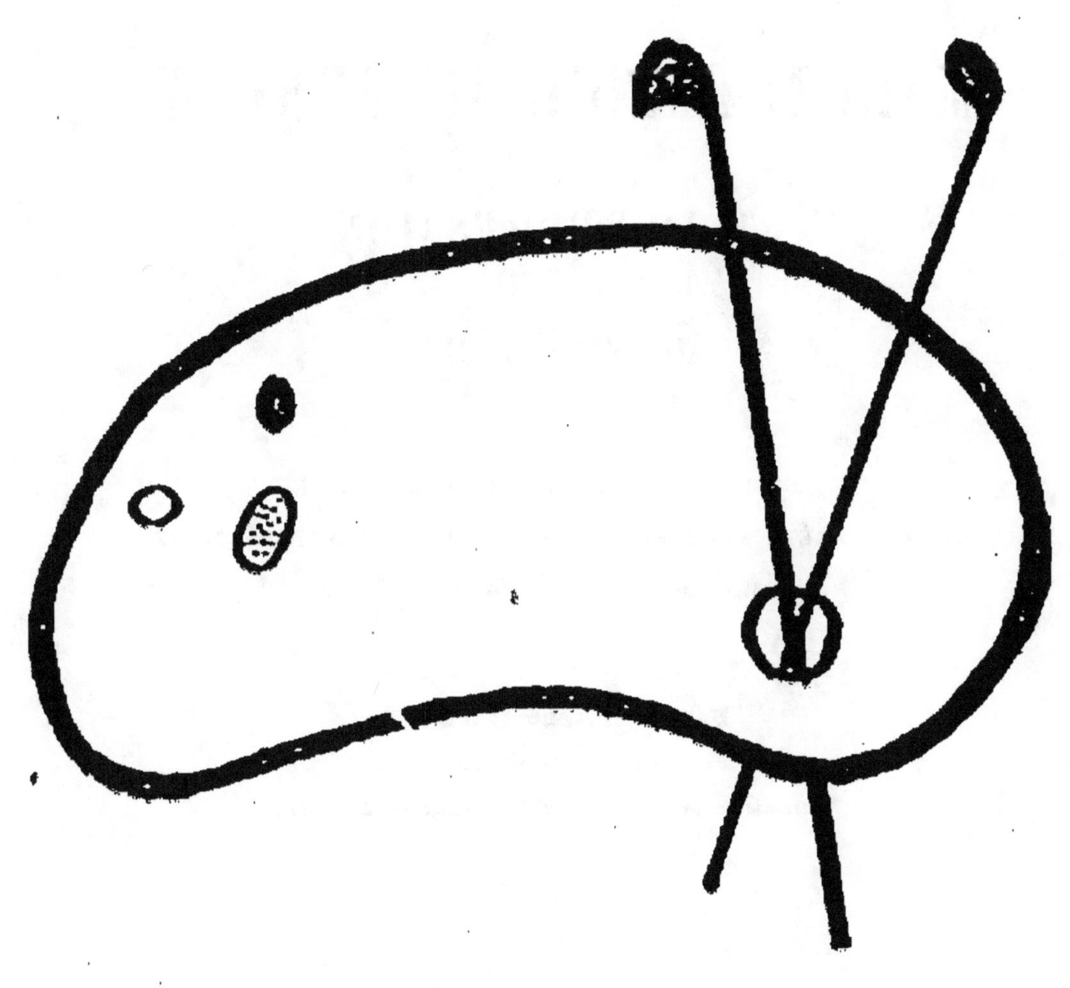

FIN D'UNE SERIE DE DOCUMENTS
EN COULEUR

LA
MALVEILLANCE AU PERCHE
ET SA RÉPRESSION
AU XVIIIᵉ SIÈCLE

DISCOURS LU A L'ASSEMBLÉE GÉNÉRALE
DE LA SOCIÉTÉ PERCHERONNE D'HISTOIRE ET D'ARCHÉOLOGIE
A MORTAGNE, LE 4 OCTOBRE 1904

Par M. l'Abbé GODET

Curé du Pas-Saint-Lhomer

Correspondant national de la Société des Antiquaires de France

———

BELLÊME

IMPRIMERIE DE GEORGES LEVAYER

1905

LA MALVEILLANCE AU PERCHE ET SA RÉPRESSION

AU XVIIIe SIÈCLE

MESDAMES, MESSIEURS,

Après avoir parlé, il y a quelques semaines, devant la *Société ornaise*, de la *Bienfaisance à Longny*, il nous eut été agréable d'entretenir aujourd'hui la *Société Percheronne* de la bienfaisance à Mortagne. Quelle belle, mais aussi combien longue page n'eussions-nous pas eu à écrire ! Quels beaux noms n'aurions-nous pas eu à saluer! Geoffroy, père de Rotrou le Grand, à Chartrage ; Mathilde, épouse de Geoffroy IV, chez les Trinitaires ; saint Louis, dotant lui-même le couvent de Saint-Éloi qui avait contribué à son rachat lors de sa captivité chez les Turcs ; Marguerite de Lorraine à l'hospice et que d'autres moins connus n'eussions-nous pas sorti de l'oubli, depuis Nicolas Semilavic confident de la charité de Mathilde, depuis ces gentilshommes qui apportaient à vos pauvres, à votre hospice tantôt quelques rentes en argent, tantôt quelques mesures de froment, l'un quelque droit sur ses bois, l'autre des droits de dîme sur ses terres et le tout annuellement et perpétuellement, jusqu'aux derniers bienfaiteurs dont la personnalité vous est connue. On ne sait pas assez que Mortagne avec d'autres belles prérogatives a éminemment dans notre Perche celle de la bienfaisance, et il devra y avoir parmi vous, Messieurs, et surtout parmi les Mortagnais, quelqu'un qui voudra écrire bientôt cette magnifique page de la charité chrétienne. Nous n'avons pas voulu, dans une aussi courte lecture, effleurer un aussi beau sujet pour ne pas l'amoindrir et, presque de dépit de ne pouvoir l'écrire, parce que nous n'en avions ni les forces ni le temps, nous vous avons apporté un chapitre de l'histoire du mal sur lequel du reste nous ne jetterons un peu de lumière que pour rentrer dans notre science historique locale et vous faire connaître un point de juridiction ecclésiastique et civile en cours dans les siècles qui nous ont précédés.

Et pour mieux étayer et vous faire comprendre ce côté plus sérieux, il nous a fallu, entre plusieurs, choisir un épisode, qui n'est autre qu'une histoire de voleurs ; vous nous excuserez ; nos anciens maîtres pour reposer nos esprits et les alléger de cette constipation littéraire que leur abondante nourriture intellectuelle suscitait presque quotidiennement, nous servaient parfois de ces plats légers, que nous goûtions beaucoup ; vous ne nous en voudrez pas de les imiter. Les quelques lignes que nous vous présentons auront ainsi un double attrait : celui de la curiosité (car qui ne lit d'un seul trait ou n'écoute avidement une histoire de voleurs, surtout quand elle a été vécue dans le pays que l'on habite), c'est le mérite de la nôtre ; celui de la science, car ce récit nous remettra sous les yeux un moyen absolument inusité de nos jours pour faire la lumière sur les crimes publics et leurs auteurs. A ce double point de vue nous aurons ainsi intéressé la science historique et juridique.

De 1705 à 1722, un insigne voleur, qui dans le début opérait seul et dans la suite devint chef de bande, mit aux abois les campagnes de Saint-Cyr, Sainte-Gauburge, Saint-Martin-du-Vieux-Bellême, Bellavilliers, Mamers, La Ferté-Bernard, Cherreau, Avezé et les pays environnants.

Ce malfaiteur habitait le petit village de Clémencé, situé entre Saint-Cyr et Sainte-Gauburge et connu aujourd'hui dans la contrée par son pélerinage.

L'une de ses premières et principales victimes fut M⁺ Petitgars, curé de Sainte-Gauburge (1). C'est au presbytère que ce

----

(1) Nous n'avons pas à rappeler ici les beautés archéologiques de Sainte-Gauburge, chacun connaît son admirable prieuré converti en ferme et sa monumentale église, souvenir du xiii⁺ siècle, aujourd'hui délaissée et si digne d'un meilleur sort.

voleur avait été à l'école, il en connaissait donc particulièrement les abords et la disposition. Pendant plusieurs années, la
nuit de Noël, il profita de l'absence du curé, retenu à l'église
par son ministère, pour fracturer les fenêtres et les meubles
du presbytère et le dévaliser. Les soupçons de M⁰ Petitgars se
portèrent sur le coupable et furent justifiés lorsque les collecteurs de Saint-Cyr retrouvèrent entre les mains du voleur une
pièce de 30 sols « crochie » à dessein par le curé de Sainte-Gauburge et laissée parmi la monnaie qui lui fut volée.

L'inculpé demeurait alors à Saint-Martin-du-Vieux-Bellême,
au village de la Pillière. Dénoncé et sachant que le prévôt de
Bellême et ses archers étaient à ses trousses, il disparut et se
cacha quelque temps du côté de Mamers, dans la province du
Maine.

Le calme s'étant fait autour de sa personne, il revint à
Saint-Cyr où il reprit son ancien métier. Les vols recommen-
cèrent : vols de nuit avec effraction, vols d'argent, de meubles
et d'effets, de chanvre, de laine, etc. L'opinion publique se
monta contre lui et il fut obligé de quitter Saint-Cyr pour se
retirer à Bellavilliers, où il habita la Basse-Closerie et la Houdayerie ; il s'y maria et, de concert avec sa femme, vécut en cet
endroit des mêmes expédients qu'à Saint-Cyr.

Une nuit entre autres, il s'en alla au moulin de Chênegalon,
voisin de son habitation, le découvrit par derrière, du côté de
l'écluse, et vola le meunier, François Lecomte, d'une « monnée » (1) qui appartenait à M. de l'Epinay, fermier général et
seigneur de Vauvineux, en Pervenchères. François Lecomte
donna le mot à un garde de la forêt de Bellême et à un autre
particulier, lesquels sous prétexte de chercher du bois volé dans
la forêt, se rendirent chez notre voleur en compagnie du meunier et de ses fils. Ils n'eurent aucune peine à mettre la main
sur le sac de farine ; ayant ouvert un grand coffre plein d'effets,
ils y trouvèrent cinq poches parmi lesquelles celle du nommé

---

(1) La monnée était le produit du droit de mouture appelé monnage.
Dans le Perche, on donne aujourd'hui encore le nom de « monnée » aux sacs
de farine et le garçon qui porte aux domiciles des particuliers les sacs de
monnée se nomme « monnier ».

Lecomte et en plus une pièce de toile de quarante à cinquante aunes que le garde reconnaissant comme volée emporta avec lui. En outre, la huche était pleine de pain que Lecomte reconnut fabriqué avec la monnée prise à son moulin et appartenant au sieur de l'Epinay.

Le voleur était absent ; sa femme supplia les perquisiteurs de ne pas le dénoncer, leur jurant qu'elle irait à Chênegalon avec son mari payer la farine volée. Lecomte et ses suivants lui en firent la promesse et de son côté elle certifia se trouver au moulin une heure après.

Lecomte retourna déjeuner chez lui avec ses fils. Au bout de deux heures, personne ne s'était présenté ; ils repartirent chez leur voleur. Chemin faisant, ils l'aperçurent avec sa femme proche le « Pont-aux-Anes » (1). Mais à peine celui-ci les eut-il remarqués qu'il quitta ses sabots et se sauva dans les bois de Bellavilliers.

De nouveau sa femme fit promettre aux poursuivants qu'ils ne feraient point comparaître son mari devant la justice et leur indiqua dans lesdits bois de Bellavilliers un endroit où ils auraient à se rendre pour toucher le prix de leur « monnée ». Le voleur s'y trouva, tira de sa chemise un sac où il y avait de l'argent « considérablement » et paya le prix de sa farine et en plus 18 livres aux gardes pour leur dérangement et aussi pour leur silence.

Cependant la chose s'ébruita et notre voleur joua de malchance. Un certain Dezandée, blanchisseur à Bellême, apprit par la rumeur publique que ledit garde de la forêt de Bellême avait saisi une pièce de toile à la Houdayrie ; il se rendit chez le garde, reconnut sa toile que pourtant celui-ci ne voulut point lui remettre. Dezandée se dirigea à la Houdayrie, où il lui fut avoué que la pièce de toile provenait de sa blanchisserie et lui fut payée incontinent.

Plus tard, le garde remit l'objet du vol au beau-père du voleur.

En 1712 et 1713, notre héros était chef de bande. C'est alors que Marin Rousseau, meunier au Moulin-d'Aunée, eut plusieurs

(1) La Houdayrie ou les Houdesries, la Basse-Closerie et le Pont-aux-Anes sont trois villages voisins entre Bellavilliers et Eperrais.

sacs de « monnée » distraits dans les mêmes conditions qu'au moulin de Chênegalon, c'est-à-dire par l'arrière-toit du moulin. Rousseau déposa immédiatement auprès de la police de Bellême, qui fit faire perquisition à la Houdayrie par le susdit garde, lequel alors était sergent royal; on retrouva les poches qui contenaient la farine, mais elles étaient vides; pour s'indemniser, Rousseau fit vendre divers objets mobiliers du voleur, entre autres une vache « sous poil rouge », le tout sans opposition de la part du propriétaire, pour mieux dire du détenteur.

Celui-ci ne put se résoudre à tant de défaites successives. Il jeta son dévolu sur le sieur Blanchard, fermier de Chênegalon, et lui vola ses moutons, dont on reconnut la peau dans le grenier de la Houdayrie.

Sur le coup, il retourna vers Mamers qu'il mit, ainsi que les environs, en coupe réglée avec ses complices; mais obligé de fuir et trop voisin de son premier champ de manœuvres, il alla se retirer au village de Crannes, en Cherreau, proche La Ferté-Bernard.

Vite connu par ses travaux et de nouveau traqué, il se réfugia à Avezé, paroisse voisine. C'est là qu'il fut cueilli par la police, arrêté et incarceré à Bellême, et c'est là aussi que nous le trouvons en octobre 1722.

Tel fut le rôle du malfaiteur; la justice avait maintenant à remplir le sien, et c'est ici que nous nous trouvons vis-à-vis d'un procédé juridique qui aurait aujourd'hui peu de chances de succès et que nous n'oserions vous recommander si vous veniez à être ce qui s'appelle en moderne style « cambriolés ».

Avant de juger, il fallait enquêter, informer, découvrir les complices et réceleurs du prisonnier, il fallait contre lui faire preuves certaines, réunir le dossier le plus complet possible de ses exploits, compléter l'accusation par de nouvelles charges si elles existaient, en un mot faire la lumière sur les œuvres de la bande entière et de son chef.

Il y avait à cette époque, Mesdames et Messieurs, un agent de la sûreté publique qui a presque complètement disparu, il n'avait aucune solde et pourtant on le trouvait partout, c'était un agent général qui n'avait aucun subalterne, mais comme sa probité et sa valeur morale étaient connues on s'adressait particulièrement à lui ; cet agent extraordinaire qui aujourd'hui semble avoir pris sa retraite était la conscience publique, ressource alors bien précieuse pour la justice dans les appels qu'elle lui faisait par les monitoires.

Qu'était le monitoire ? Un mot gros de menaces, un remède que vous chercheriez en vain dans le Codex pharmaceutique, mais qui n'en était pas moins un contre le mal social ; le monitoire était un acte de juridiction civile et ecclésiastique. A la requête du juge civil et en conséquence du jugement rendu par lui, le juge ecclésiastique, l'évêque ou son official, ordonnait la publication au prône et l'affichage aux portes des églises de lettres par lesquelles il était enjoint, sous peine d'excommunication à ceux qui les liraient ou en entendraient la lecture, de révéler ce qu'ils sauraient sur les faits contenus au monitoire et de réparer le tort fait à Dieu ou au prochain. On n'y devait nommer ni désigner en aucune manière les personnes contre lesquelles il fallait faire la preuve, car alors le monitoire eut facilement pu tourner en libelle diffamatoire dans le cas où aucune révélation n'eut été faite. C'est à cette clause que nous devons de ne pas connaître le voleur de Sainte-Gauburge, qui n'est pas autrement nommé que sous le nom d'un « *certain quidam malfaiteur* » dans le monitoire manuscrit qui nous donne l'occasion de vous entretenir.

Le monitoire accordé, curés et vicaires des paroisses intéressées, étaient tenus sous peine de saisie de leur temporel d'en faire la publication à la première réquisition ; en cas de refus un autre ecclésiastique était nommé d'office par le juge, et les revenus du récalcitrant distribués par ordonnance du juge royal aux hôpitaux ou pauvres du lieu.

Ce n'était donc point là une formalité banale et on comprend que l'intérêt et l'honneur d'autrui se trouvant en jeu, on ait pris toutes les précautions possibles pour les défendre et les mettre à couvert de certaines coalitions locales qui ne pouvaient manquer parfois de se produire.

D'ailleurs si les peines matérielles étaient graves pour les délinquants en matière de publication, la peine d'excommunication n'était pas moindre, disons-le, autrement grave pour les contrevenants en matière de révélation ; et ce qui n'aboutirait aujourd'hui qu'à faire rire bon nombre de libres-penseurs et autres, obtenait de la conscience et de la foi des hommes de cette époque des témoignages dont la valeur était loin d'être inférieure à celle des dépositions faites parfois devant nos tribunaux modernes.

Et puis en dernier anathème, il y avait les peines *d'aggrave et de réaggrave* quand les deux premières publications n'avaient pas abouti, quand on soupçonnait certaines personnes compromises d'avoir méprisé la voix de l'Église, de la justice et de leur conscience. Déjà frappées d'excommunication, l'aggrave les privait de tout usage de la société civile et par la réaggrave on défendait à qui que ce fut d'avoir aucun commerce avec elles.

Il nous faut vous dire que ces peines extrêmes furent très rarement appliquées, comme pratiquement difficiles. Les excommunications en effet n'étaient prononcées qu'en termes généraux sans désignation de personnes. Comment alors défendre d'avoir commerce avec des gens qu'on ne connaissait pas, dont on ne savait ni le nom ni la demeure et qu'ainsi on ne pouvait éviter. Ces dernières peines devenaient donc facilement illusoires et inutiles, et l'excommunication seule sans aggrave était bien de nature, en ce temps de conviction religieuse, à obtenir le résultat voulu.

Notre monitoire fut accordé le 9 décembre 1722 par Jacques d'Antignate curé de Notre-Dame de Mortagne, doyen du Corbonais et official de Séez au siège de Mortagne et c'est à ce dernier titre que de la part du procureur du Roi pour la vicomté du Perche, conquérant par permission de justice, il s'adresse au curé de Sainte-Gauburge-de-la-Coudre dans le document précité.

Quel en fut le résultat ? Nous regrettons de ne pouvoir vous le dire, mais déplorable, nous pouvons le présumer, pour notre malfaiteur sur qui pesaient des charges si lourdes ; les archives du vieux bailliage de l'ancienne cité percheronne pourraient peut-être nous en livrer le secret. En tout cas si nous en jugeons d'après les arrêts de la Cour qui nous sont tombés sous les yeux, il ne nous est pas permis d'augurer aucune indulgence à son égard, nous n'avons au contraire qu'à frémir sur le sort qui lui fut réservé. Les voleurs en effet subissaient alors le sort des assassins et la société ne croyait pas trop faire en se défendant aussi rigoureusement contre les premiers qui trop souvent prennent la place des seconds.

Ainsi, en 1780, Jacques Tison convaincu d'avoir volé divers objets mobiliers tels qu'une entayure de paillasse, un drap de toile, quatre cuillers d'étain, 9 livres d'argent et deux chemises neuves, le tout à Saint-Quentin-de-Blavou et au Pin, fut condamné à être pendu et étranglé sur la place de la ville de Mortagne, et son frère Jean seulement soupçonné d'avoir retenu les deux chemises, condamné à assister au supplice de son frère et à trois ans de bannissement.

En 1784, Charles Fourmond fut soupçonné d'avoir volé des gerbes de dixmes, du foin, du bois et autres denrées; il fut convaincu d'avoir volé et transplanté chez lui un jeune arbre et enfin d'avoir en 1782, le 2 février, à onze heures du soir, de complicité avec les nommés Richard et Louis Pierre volé sur la route de Bellême à Mamers 9 livres en trois petits écus dont il en garda un seul. Pour ces faits, qui nous paraîtront assez légers, il fut condamné ainsi que ses complices à avoir les bras, les jambes et les reins rompus vifs sur la place Saint-Sauveur de Bellême et ensuite mis sur une roue, la face tournée vers le ciel, pour y rester tant et si longtemps qu'il plairait à Dieu de lui conserver la vie.

En cette même année 1784, Charlotte R... (1), veuve Debray, de la paroisse de Saint-Jouin-de-Blavou, avait recélé chez elle pendant huit jours un paquet de quarante pièces de fil que R..., son frère, lui avait porté deux mois après l'assassinat, dont il était l'auteur, d'Anne Guilloreau, veuve Méan et de sa petite-fille Françoise Rousseau, du village de la Mérière, paroisse de Viday. Il lui avait déclaré que c'était le fruit de son crime et la malheureuse en avait utilisé la moitié; elle fut condamnée à être pendue et étranglée en place de Saint-Sauveur de Bellême. Inutile de dire que son frère fut rompu vif ainsi que Charles et Marin Letourneur, ses complices, de la paroisse de Saint-Julien-sur-Sarthe.

Nous ne saurions nous apitoyer sur le sort de ces derniers,

(1) Une raison de convenance nous empêche de reproduire ici ce nom, de même aux pièces justificatives.

non plus que sur celui de Etienne Gouhier rompu vif à Belléme, en 1786, Michel Dourdoigne et Jeanne Gouhier, sa femme, pendus et étranglés pour assassinat de Barbe Feron et d'Anne Pelletier, sa domestique, du village de la Rondelle, en Saint-Germain-des-Grois; nous ne pleurerons pas sur le supplice de Pierre Tison, de Saint-Sulpice, près Mortagne, qui, en 1780, attira chez lui François Péan pour le voler et l'étrangler et sur tant d'autres dont les noms nous sont connus, mais nous eussions aimé à rencontrer plus d'indulgence dans certains cas de vol ou de recel de la nature de ceux que nous avons signalés ; une répression dans le genre de celle que subirent Joseph Leprou, Jean Leguay et Pierre Villain n'eut-elle pas eu une portée suffisante. Les deu.. premiers avaient, le 9 février 1782, pendant le marché, rue des Halles, à Mortagne, subtilisé dans le gousset de Pierre Bidault, couvreur à Soligny, une bourse contenant une vingtaine de livres, c'était jeu d'enfant pour des gens du métier. Pierre Villain avait été moins consciencieux ; le dimanche qui précédait la mi-carême 1782, il s'était emparé chez le sieur Bellière, contrôleur des vingtièmes à Mortagne, porte de Rouen, d'une montre à boîte d'argent, aiguilles simili or, suspendue dans la cheminée de la salle à manger et l'avait revendue 24 livres à Guillaume Latour, horloger à Mortagne.

De ce fait, Pierre Villain fut condamné à être battu et fustigé nu de verges sur les épaules au lieu accoutumé de la ville de Mortagne, place du Grand-Carrefour, puis de là conduit sur la place du Pilori pour y être attaché au carcan et y rester pendant deux heures le marché tenant, ensuite flétri d'un fer chaud sur l'épaule droite en forme des lettres G A L et à servir comme forçat sur les galères du Roi pendant trois ans. Leprou et Leguay furent frappés de la même peine, mais en plus chargés pendant leurs deux heures d'exposition sur le marché d'un écriteau par devant et par derrière portant les mots « voleurs en foire ». Pour surpasser quelque peu le bonnet d'âne des écoliers, cette correction n'était-elle pas suffisante ? Vous l'admettrez avec nous. Nous n'avons pas d'ailleurs autrement remarqué que l'ancienne pénalité, legs séculaire de la jurisprudence romaine et barbare qui persista jusqu'aux dernières années de Louis XVI, ait modifié les mœurs d'une façon sensible et Montesquieu avait fort bien raison de dire « que si les « supplices arrêtaient quelques conséquences du mal général, « ils ne corrigeaient pas ce mal. » Mercier nous dit qu'en 1782 il existait en France plus de dix mille brigands et vagabonds et nous connaissons quinze individus condamnés au dernier supplice et exécutés sur les places de Bellême et Mortagne de 1780 à 1786. Le supplice n'effrayait donc pas le crime. A cent ans de distance nous avons par un excès contraire cherché à obtenir de meilleurs résultats. Avons-nous réussi ? Réussirons-nous ? Le présent vous le connaissez, l'avenir ne parlera pas mieux. Les moyens coercitifs violents non plus que l'indulgence mal raisonnée n'aboutiront jamais à réaliser le souhait que faisait à l'époque dont je vous parle le marquis de Mirabeau : « De « même, disait-il, que la charité éclairée cherche moins à « secourir les pauvres qu'à empêcher ses semblables de le « devenir, de même la véritable police consiste moins à punir « les crimes, qu'à sécher les germes du vice, en réchauffant, « en faisant éclore celui des vertus. » C'est là un excellent moyen, mais j'ai le regret bien fort, Messieurs et Mesdames, de vous dire en terminant que nous aurons tous disparu avant d'avoir pu en apprécier les heureuses conséquences. Le bien et le mal sont frères jumeaux ; nés ensemble ils disparaîtront le même jour. Puisse notre *Société Percheronne* se perdre comme eux dans le lointain des âges, et son Musée, pendant ces longs siècles, telle une tour de Babel, élever ses collections jusqu'au Ciel.

H. GODET

Curé du Pas-Saint-Lhomer

Les pièces dont nous donnons ci-après la copie ou l'analyse sont la suite naturelle des réflexions qui précèdent, elles en fortifient la vérité ; on nous saura donc gré d'en offrir la lecture et la publication. Le *Monitoire* est un document manuscrit à

nous appartenant, c'est l'original envoyé au curé de Sair   Gau-
burge ; les *Arrests* forment une série de placards in-4   o
imprimés à Paris chez Simon, imprimeur du Parlement ;
appartiennent à M. Tournoüer qui nous les a gracieusem.
communiqués.

Nous croyons intéresser ceux qui se donneront la peine de
nous lire en reproduisant ici exactement la scène de la publication d'un monitoire telle qu'elle se passait autrefois (1) et
nous la ferons suivre du monitoire de 1722, publié en l'église
de Sainte-Gauburge-de-la-Coudre, lequel servira de pièce justi-
ficative aux quelques lignes qui précèdent.

C'est au prône de la messe paroissiale, nous le savons, que
devait se faire la lecture du monitoire. Les prières ordinaires
terminées, les fêtes de la semaine annoncées, le curé s'est
adressé à l'assistance :

« Nous avons, a-t-il dit, reçu de Monsieur l'Official de Séez
« un monitoire dont voici la teneur. » Il a lu alors le monitoire
et il a ajouté : « C'est pourquoi j'avertis ceux contre lesquels a
« été obtenu le monitoire, tant les coupables et les complices,
« s'il y en a, que ceux qui ont par conseil ou autrement,
« connivé à ceux dont est complainte qu'ils ayent à venir à
« satisfaction, et ceux ou celles qui des faits ci-dessus dénoncés,
« partie d'iceux, circonstances et dépendances, ont connaissance
« certaine et véritable, en quelque façon que ce soit, qu'ils
« aient à le dire et révéler dans le temps porté audit monitoire ;
« autrement et à faute de ce faire, ils encourront la peine de
« l'excommunication. »

Le dimanche suivant, nouvelle lecture et même avis ; le troi-
sième dimanche, dernière lecture, dernier avertissement.

« J'avertis pour la dernière fois, a dit le curé, ceux contre
« lesquels a été obtenu le monitoire..... qu'ils aient à venir à
« satisfaction entre six et huit jours pour tout délai (2)..... et
« leur déclarons qu'à faute de ce faire, Monsieur l'Official qui a

---

(1) On pourra la lire plus en détail dans le *Rituel de Séez*, publié en 1741
par Mgr Noël de Christot, évêque de Séez ; nous y avons nous-mêmes puisé
les détails qui suivent.

(2) Ce délai était variable ; le monitoire de Sainte-Gauburge n'accorde que
six jours, un autre que nous avons en mains en accorde neuf, après la
dernière publication.

« fait faire par notre ministère les trois monitions canoniques
« ainsi qu'elles ont été faites, procédera contr'eux par censures
« ecclésiastiques et se servira selon la forme du droit de la
« peine d'excommunication.

« C'est la plus grande peine que l'Église puisse porter contre
« ses enfants, puisque celui qui est excommunié est retranché
« de la société des fidèles.....

« .....C'est ce qui doit faire craindre à tous vrais fidèles les
« censures ecclésiastiques et les engager quand on en publie
« quelqu'une à rentrer en eux-mêmes s'ils sont le moins du
« monde coupables du crime que l'Église veut punir, ou s'ils
« ne manquent point pour elle d'obéissance en celant injuste-
« ment ce qu'ils savent des faits dont elle a le droit d'exiger la
« révélation. »

Si dans le délai accordé, les révélations n'ont pas été com-
plètes, alors les complaignants ont demandé que l'on fulminât
la sentence d'excommunication ; l'official en a donné l'ordre au
curé et cette sentence on la publiera également trois dimanches
consécutifs, en nommant celui à la demande de qui elle a été
obtenue.

« N... ayant supplié Monsieur l'Official de prononcer sen-
« tence d'excommunication contre les coupables et ceux qui, par
« un silence obstiné ont privé le complaignant des connaissances
« nécessaires aux faits dont est complainte, ladite sentence
« nous a été envoyée, et c'est avec la plus vive douleur que
« nous allons, en la fulminant, séparer et retrancher de la
« communion des fidèles ceux qui l'ont mérité par leurs
« crimes..... »

Lecture faite de la sentence d'excommunication mot à mot,
le curé a continué :

« Nous vous déclarons donc de la part de Dieu et de la sainte
« Église que les coupables dont est complainte et qui ont
« refusé, par endurcissement de cœur, de revenir à récipiscence
« par refus de satisfaction, réparation ou restitution envers les
« complaignants et ceux qui des faits exposés au monitoire ou
« partie d'iceux, circonstances ou dépendances sçavent et ont
« connaissance certaine et véritable en quelque façon que ce
« soit où qui en sont fauteurs par conseil support et aide, sont
« excommuniés et livrés à Satan, et en conséquence ils sont

« privés des droits qu'ils avaient comme chrétiens sur les biens
« communs de l'Église, les sacrements, le sacrifice, les prières
« et suffrages publics et la sépulture en terre sainte, jusqu'à ce
« qu'ils aient mérité d'être réconciliés par une vraie pénitence
« et quoique nous ne les dénoncions pas aujourd'hui par nom
« et par surnom, nous les avertissons que si privés qu'ils sont
« devant Dieu de ces droits, si précieux à tout vrai fidèle,
« ils sont assez téméraires pour oser en jouir aux yeux des
« hommes, ils seront coupables de sacrilège. »

Les deux premières publications n'ont pas abouti suffisamment, on soupçonne certaines personnes compromises de n'avoir pas obéi au monitoire, on va prononcer sur ces coupables le dernier anathème, ce sera « *l'aggrave et réaggrave.* »

L'excommunication les a privés de la participation aux biens spirituels de l'Église, l'aggrave les privera de tout usage de la société civile ; frappés de réaggrave, ils vont devenir comme un objet d'horreur et d'abomination, on va défendre publiquement à tous les fidèles, à peine d'excommunication, d'avoir aucune sorte de commerce avec ces maudits.

« Et comme ils persistent dans leur obstination et leur dés-
« obéissance nous avons aggravé et réaggravé la peine qui leur
« est due, et en témoignage de l'horreur que nous concevons de
« leur crime et de l'extrême tristesse que nous cause leur
« impénitence et leur rébellion, nous joignons à l'anathème la
« lugubre cérémonie usitée dans l'Église de l'extinction du
« cierge et du son entrecoupé de la cloche qui nous est la figure
« de la mort spirituelle de ces hommes prévaricateurs. »

Alors le curé a laissé tomber un ou plusieurs cierges allumés, il les a éteints avec le pied, il a fait sonner une cloche de la même manière dont on sonne pour les morts, c'est-à-dire dix ou douze coups, puis en terminant il a donné quelques mots de consolation et quelques exhortations aux fidèles émus de cette scène triste et lugubre.

« Gardez vous bien de croire, leur a-t-il dit, que le crime
« puni aujourd'hui attire la malédiction du Ciel sur d'autres
« que ceux qui en sont coupables. Le fils ne porte point la
« peine de l'iniquité du père, ainsi que le déclare Dieu lui-
« même.....

« ..... Que cette cérémonie vous apprenne à craindre les

« censures de l'Église et à éviter tout ce qui pourrait les
« attirer sur vous..... si l'intérêt de vos frères vous touche,
« pleurez leur chute et leur malheur..... et n'allez pas par vos
« crimes attirer sur vous les mêmes malheurs et les mêmes
« châtiments. »

Ayant ainsi exposé d'une manière succincte la nature des
monitoires et leur législation nous offrons celui qui a été l'objet
de ces quelques notes.

« Jacques d'Antignate, docteur en théologie, curé de la
« paroisse de N.-D., doyen du Corbonais et official de Séez au
« siége de Mortagne, au curé et au vicaire de la paroisse de
« Sainte-Gauburge, salut dans le Seigneur. »

SAINTE-GAUBURGE

« *Jacobus d'Antignate, doctor Theologiæ, pastor parochiæ
de* « *N.-Dame* », *decanus Corbonensis necnon officialis sagiensis
in sede Moritaniæ, pastori ac vicario parochiæ de Sainte-Gauburge, salutem in Domino.*

« De la part de M. le Procureur du Roi de la vicomté du
Perche, aux siéges royaux de Bellême et La Perrière, complaignant à Dieu et à notre mère Sainte Église et conquérant par
permission de justice émanée de Monsieur le Vicomte du
Perche au monsieur son lieutenant aux dits siéges du.....
octobre, an présent 1722, dont expédition est demeurée au
greffe de cette officialité ;

« Pour avoir preuve de plusieurs vols qu'un certain particulier
a faits et commis dans la paroisse de Saint-Cir, tant pendant
qu'il y a demeuré au lieu de Clémencé qu'aux autres lieux et
environs en ladite paroisse.

« *De ceux et celles* qui ont connoissance d'un vol que led.
quidam malfaiteur fit la nuit de Noël de l'année 1705 dans la
maison de feu maître Jean Petitgars, vivant prestre curé de lad.
paroisse de Saint-Cyr et qui força et rompit les portes de la
cave, de la maison et autres bastiments et entra dans la chambre
du sieur Petitgars pendant qu'il faisait le service de la nuit de

Noël dans l'église et y força les fenêtres et les portes d'une armoire qui y estoit prit et volla l'argent dud. deffunt sieur Petitgars.

« *De ceux et celles* qui ont connoissance que led. deffunt sieur Petitgars ayant coutume d'être volé tous les ans au jour et feste de Noël par led. quidam malfaiteur qui sçavait et connoissoit les estres de sa maison et particulièrement parce qu'il y estoit allé plusieurs années à l'école, led. deffunt sieur Petitgars pour découvrir le voleur, marqua et crochit une pièce de 30 sols qu'il laissa parmi son autre argent qui luy fut tout pris et vollé, et le lendemain matin led. s' Petitgars s'étant aperçu du vol qui lui avait été fait le déclara aux collecteurs de lad. paroisse et les pria en cas qu'on leur donnast une pièce de 30 s. marquée et crochie qui luy avait été vollée avec le surplus de son argent de remarquer celui qui luy donnerait.

« *De ceux et celles* qui ont connoissance que lesd. collecteurs de Saint-Cir estant allé chez led. quidam malfaiteur, qui demeurait pour lors au lieu de la Pillière, paroisse de Saint-Martin-du-Viel-Bellesme, luy faire payer des impositions, les paya et leur donna lad. pièce de 30 s. marquée et crochie, ce qui les fit..... entre eux, dont led. quidam s'estant aperceu voullut reprendre la pièce et leur en donner une autre, mais lesd. collecteurs ne voulurent point lui rendre, et estant revenus à Saint-Cir furent chez led. deffunt sieur Petitgars luy montrer lad. pièce, laquelle il reconnut pour être celle qui luy avait été vollée avec son autre argent la nuit de Noël précédent, et duquel vol le sieur provost ayant informé et led. sieur Petitgars ayant été entendu en information, déposa lad. pièce au greffe de la maréchaussée.

« *De ceux et celles* qui ont connoissance que led. quidam ayant seu que le provost et ses archers le cherchoient au lieu de la Pillière pour l'emprisonner, prist plusieurs pacquets de fil et les porta en cache chez un de ses voisins et se sauva et lequel voisin ne les voulut point recevoir, les jeta dehors et la nuit suivante, led. quidam revint quérir les dicts paquets de fil et les emporta en la province du Mayne où il fut se cacher.

« *De ceux et celles* qui ont connoissance que led. quidam a

fait plusieurs autres vols de nuit avec fracture, tant dans lad. paroisse de Saint-Cir que dans celle de Sainte-Gauburge, et qu'il y a pris et vollé du chanvre, de la laine, couvertures de lit et plusieurs autres meubles et effets, qu'il estoit si mal notté dans le canton qu'il ne passoit que pour un volleur public et de profession, en sorte qu'il fut obligé de quitter lad. paroisse de Saint-Cyr et de s'en aller demeurer dans celle de Bellavilliers, aux lieux de la Basse-Closerie et de la Houdayerie où il s'est marié, qu'il a encore fait plusieurs vols de nuit dans le canton et dans les paroisses voisines et limitrophes.

« *De ceux et celles* qui ont connoissance que dans le temps que led. quidam malfaiteur demeurait avec sa femme au lieu de la Houdayerie en lad. paroisse de Bellavilliers, il fut de nuit au moulin de Chesnegallon, descouvrit et rompit la couverture de derrière dud. moulin du costé de l'escluse et y volla François Lecomte. vivant meunier dudit moullin, d'une monnée qui y était alors, appartenant au sieur de l'Epinay, pour lors fermier général et demeurant à Vauvineux.

« *De ceux et celles* qui ont connoissance que quelques jours après le vol de la monnée led. François Lecomte ayant appris que c'était led. quidam qui l'avoit fait, pria un des gardes de la forest de Bellesme et un autre particulier d'aller en faire recherche et perquisition chez led. quidam, ce qu'ils firent effectivement en la présence dud. deffunt François Lecomte et de ses deux fils, feignant chercher du bois vollé dans la forest, et lors de lad. recherche qui fut faitte dans la maison dud. accusé, en la présence de sa femme ils y trouvèrent un grand coffre plein de plusieurs effets parmi lesquels il y avait cinq poches dont l'une fut reconnue par led. Lecomte, meunier, pour estre celle dud. deffunt sieur de l'Epinay ou estoit sa monnée qui leur avoit été vollée dans leur moullin, plusieurs pièces d'étoffes et une pièce de toille de lin de 40 ou 50 aulnes dont il y avait des cordons aux deux bouts et costées qui y avoient servi à la mettre à la blancherie et laquelle toille led. garde de forest prist et emporta, voyant bien qu'elle avoit aussi été vollée et ensuite ayant ouvert la huche dud. quidam, ils la trouvèrent pleine de pain que led. Lecomte, meunier, remarqua et reconnut estre provenu de la monnée dud. sieur de l'Epinay et pour le reconnaître plus particulièrement en prist une tourte qu'il emporta.

« *De ceux et celles* qui ont connoissance que lors de lad. capture la femme dud. quidam pria led. garde de la forest et led. Lecomte et ses fils de ne les pas perdre et que s'ils voullaient lui promettre de ne point mettre son mari en prison qu'elle lyrait quérir et qu'ils iraient ensemble payer lad. monnée aud. Lecomte chez luy en son moullin, ce qu'y fut accordé et promis de leur aller payer une heure après.

« *De ceux et celles* qui ont connoissance que led. garde de la forest et lesd. Lecomte père et fils ayant déjeuné dans led. moullin où ils furent environ deux heures et ne voyant point venir led. quidam et sa femme ainsi qu'il leur en avoit promis, repartirent dud. moulin pour retourner chez led. quidam et estant en chemin ils virent led. quidam et sa femme proche le « pond aux Annes » qui venoient de leur costé, aussitôt que led. quidam les eut aperçus, il quitta ses deux sabots de ses deux pieds et se sauva dans les bois de Bellavilliers et sa femme les ayant encore fait promettre qu'ils ne l'emmeneraient point en prison, et ensuite elle leur indiqua un endroit dans lesd. bois de Bellavilliers où ils furent et lad. femme fit trouver led. quidam son mari qui tira un sac de sa chemise où il y avait de l'argent considérablement et en prit et paya led. Lecomte, meunier, de la monnée du sieur de l'Epinay qu'il luy avoit vollée dans son moullin et paya aussi aud. garde pour ses frais et voyages et de son assistant la somme de 18 livres, après quoy led. quidam et sa femme prièrent lesd. gardes et lesd. Lecomte meuniers de n'en rien dire et enfin se quittèrent tous et s'en allèrent.

« *De ceux et celles* qui ont connoissance que le nommé Dezandée, blanchisseur de Bellême, ayant perdu une pièce de toile qu'on lui avoit vollée la nuit dans sa blanchisserie et ayant entendu dire par bruit commun que led. garde de la forest avoit pris une pièce de toille de même nature chez led. quidam, led. Dezandée fut la visiter chez led. garde et l'ayant reconnue pour estre celle qui luy avoit esté vollée et led. garde ayant fait difficulté de la luy rendre, led. Dezandée fut trouver led. quidam en la paroisse de Bellavilliers, lequel convint si bien du vol qu'il luy paya lad. toille, et quelque temps après led. garde rendit lad. toille vollée au beau-père dud. quidam.

« *De ceux et celles* qui ont connoissance que led. quidam et ses complices ont vollé de nuit, l'année 1712 ou 1713, le nommé Marin Rousseau, pour lors meunier du moullin d'Auuée en lad. paroisse de Saint-Martin-du-Viel-Bellesme, de plusieurs poches, sacs et monnées qu'il avoit dans led. moullin, ayant pour cet effet rompu la couverture dud. moullin par derrière et entré dans led. moullin.

« *De ceux et celles* qui ont connoissance que led. Rousseau ayant veu le lendemain matin led. vol qui lui avoit esté fait en rendit sa plainte à Monsieur Le Vicomte du Perche ou Monsieur son lieutenant à Bellesme et en vertu de son ordonnance et commission fit faire perquisition et recherche par led. garde de la forest, qui estoit aussi alors sergent royal, chez led. quidam et malfaiteur chez lequel led. Rousseau reconnut plusieurs sacs et poches dans lesquelles estoient les monnées qui luy avoient esté vollées, ce qui fit que led. Rousseau fit faire une exécution dans les meubles dud. quidam d'une vache sous poil rouge et plusieurs autres effets qu'il fit vendre et en toucha le prix sans aucune contestation ni opposition de la part dud. quidam.

« *De ceux et celles* qui ont connoissance que led. quidam ait vollé des moutons au nommé Blanchard, pour lors fermier de la terre de Chesnegallon, et qui en ont vu et reconnu les peaux dans le grenier dud. quidam.

« *De ceux et celles* qui ont connoissance des complices et receleurs dudit quidam malfaiteur.

« *De ceux et celles* qui ont connoissance que led. quidam étoit si mal notté dans cette paroisse et passoit pour un voleur public qu'il fut obligé de la quitter pour s'en aller dans celle du Mayne.

« *De ceux et celles* qui ont connoissance des vols que led. quidam a faits avec ses complices tant de jour que de nuict dans la ville de Mamers et les environs, dans la province du Mayne.

« *De ceux et celles* qui ont connoissance que led. quidam malfaiteur, ayant tant fait de vols dans lad. ville de Mamers qu'il y a été malnotté et a passé pour un voleur public fut obligé de quitter et abandonner laditte ville pour s'en aller demeurer au lieu de Crannes, paroisse de Cherreau, proche La Ferté-Bernard.

« *De ceux et celles* qui ont connoissance des vols que led. quidam a faits et commis dans lad. paroisse de Cherreau et aux environs et qu'ils l'ont obligé de quitter et abandonner ladite paroisse pour s'en aller demeurer dans celle d'Avezé dans la même province du Mayne.

« *De ceux et celles* qui ont connoissance des vols que led. quidam a faits et commis dans lad. paroisse d'Avezé où il a été pris et arresté et constitué prisonnier dans les prisons royaux de Bellesme, où il est actuellement et de ses complices et de leurs adhérents.

« *De ceux et celles* qui, de tous les faits ci-dessus circonstanciés et dépendances, en ont connoissance, soit pour l'avoir vu, seu, aperceu ou entendu dire et n'en veullent déposer.

In grave animarum suarum periculum et damnum..... dispendium magnum et quia de hiiscemodi malefactoribus valide probatis copiam habere nequit, hinc est quod vobis mandamus ut ex auctoritate nostra moneatis vos malefactores videntes, scientes, et participantes per tres dies Dominicos continuos in prono missæ parrochialis vestræ ut ad salutarem super præmissis emandationem et agnitionem deveniant et si non devenerint postea sex diebus elapsis proxime sequentibus ipsos excommunicamus et sic excommunicatos publicos denuncietis.

Datum nonâ Decembris anni millesimi septingentesimi vigesimi secundi.

D'Antignate.

Scellé lesdits jour et an que dessus.

Charpentier.

« En raison du péril grave, dommage et grand détriment de
« leurs âmes et parce qu'au sujet desdits malfaiteurs il est
« difficile d'obtenir de bonnes preuves nous vous mandons que
« de notre autorité vous avertissiez ceux qui ont vu ou connu
« ces malfaiteurs ou participé avec eux et cela pendant trois
« dimanches consécutifs au prône de la messe paroissiale,
« qu'ils aient à venir à un salutaire amendement et à l'aveu des
« faits énoncés ; que s'ils n'y viennent point, après les six
« premiers jours écoulés, nous les excommunions et ainsi vous
« les dénoncerez comme excommuniés publics.
« Donné le 9 novembre de l'année 1722.

« D'Antignate. »

(24 janvier 1781.)

*ARREST de la Cour de Parlement qui condamne Pierre Tizon
a avoir les bras, jambes, cuisses et reins rompus vifs.....
pour assassinat commis par lui en la personne du nommé
François Péan, marchand mercier.*

Vu par la Cour le procès criminel fait par le Lieutenant criminel au Baillage de Mortagne.....

Contre Pierre Tizon, ci-devant domestique, originaire de la p^{se} de Bure, près le Mesle-s.-Sarthe....., prisonnier ès prisons de la Conciergerie à Paris..... dûment atteint et convaincu d'avoir volé vers la fin du mois de septembre dernier 6 liv. en argent, une poche, environ un boisseau d'orge, une paire de tenailles, deux cuillers d'étain empreintes des lettres F. L. G., une fourchette de fer et un briquet appartenant à René Chaussis, laboureur au lieu de la Tremblaye, p^{se} de St-Céronne, chez lequel il servait en qualité de domestique et d'avoir gardé la clef de son armoire pendant environ cinq semaines ; d'avoir volé un morceau de vieux drap de toile, un marteau, un sac à plomb, une lime à manche de bois, un compas et un repoussoir, six livres douze sols en argent appartenant à Jacques Clain, laboureur, d^t au lieu de Berlon, p^{se} de St-Hilaire, chez lequel il était journalier, sur la fin du mois d'octobre suivant et d'avoir gardé la clef de son armoire, qui aurait été trouvée parmi les effets lors du procès verbal de la levée de corps de François Péan ; d'avoir également volé au commencement de novembre trois cuillers d'étain marquées J. Auzet et une fourchette de fer appartenant à François Lizot, laboureur, d^t au lieu de Fleuse, p^{se} St-Hilaire, chez qui il était journalier ; d'avoir enfin attiré le 3 dud. mois de novembre, sous prétexte d'acheter des marchandises dans la maison qu'il occupait au bourg de St-Sulpice, François Péan, marchand mercier, qu'il aurait rencontré dans la grande route de Mortagne à Alençon, près le Poteau-Rouge, p^{se} St-Sulpice et les chemins de la Jarretière, des Gaillons et de Moulins-la-Marche sur les quatre à cinq heures après midi, de l'avoir conduit chez lui par des sentiers détournés et les derrières du bourg, d'avoir barré sa porte en dedans quand il fut entré, bouché un trou d'environ un pied de haut sur huit pouces de large servant de croisée à sa dite maison, profiter de l'instant qu'il déployait ses marchandises et qu'il était baissé pour lui porter un coup de serpe sur la tête, de l'avoir étranglé et d'avoir chanté en l'étranglant et après l'avoir étranglé pour empêcher les voisins d'entendre les cris et leur donner le change dans le dessein de s'approprier ses dépouilles et marchandises et de s'évader ensuite à la faveur de la nuit.

Pour réparation de quoi led. Pierre Tizon a été condamné à avoir les bras, jambes, cuisses et reins rompus vif, par l'Exécuteur des sentences criminelles, sur un échafaud qui serait dressé en la place publique de la ville de Mortagne, appelée du Grand-Carrefour, exposé sur une roue la face tournée vers le ciel pour y rester tant qu'il plairait à Dieu de lui conserver la vie ; son corps mort porté aud. lieu du Poteau-Rouge pour y demeurer exposé, ses biens acquis et confisqués au Roi, sur iceux préalablement pris la somme de 50 liv. applicables au curé de St-Sulpice pour faire prier Dieu pour le repos de l'âme dud. feu François Péan et celle de 1,000 livres d'amende vers le Roi.....

. . . .

La Cour..... condamne led. Pierre Tizon..... etc. *(aux peines ci-dessus).*

Signé : LECOUSTURIER.

————

(26 janvier 1781.)

ARREST *de la Cour du Parlement qui condamne Jacques Tizon a être pendu et étranglé jusqu'à ce que mort s'ensuive..... pour vol domestique. Surseoit à faire droit sur l'accusation intentée contre Jean Tizon, jusqu'après l'exécution dud. Jacques Tizon, son frère.*

Vu par la Cour le procès criminel commencé en la justice de La Ventrouze, continué et parfait par le Lieutenant criminel au Baillage de Mortagne, etc.....

Contre Jacques et Jean Tizon frères, ci-devant domestiques, originaires de la p^{sse} de Bure, près le Mesle-s.-Sarthe..... prisonniers à la Conciergerie de Paris, appelans de la sentence rendue le 5 Décembre 1780, par laquelle led. Jacques Tizon a été déclaré dûment atteint et convaincu d'avoir volé dans le mois de juillet 1778 une enteyere de paillasse qui faisait partie d'un lit étant dans la chambre de Louise Gobelet, femme d'Etienne Henriet, son maître, et un drap de toile dans l'armoire dud. Henriet à la faveur de la clef trouvée dans la serrure, lorsque domestique il travaillait chez lui à St-Quentin-de-Blavou ; d'avoir volé, dans le mois de mars dernier quatre cuillers à bouche, d'étain, appartenantes à Jacques Theurel, tuilier, d'au Pin, chez qui il prenait ses repas ; d'avoir enfin volé, dans le mois de juin suivant, d'abord 9 liv. d'argent dans l'un des goussets de la culotte de Pierre Bigot, laboureur, de la p^{sse} du Pin, chez qui il était domestique et d'avoir profité pour faire ce vol du sommeil dud. Bigot et de l'absence de Marie Gendriot, sa femme, ensuite et à différentes fois deux chemises neuves et un col de mousseline appartenans aud. Bigot, et étant dans son armoire.

Pour réparation de quoi led. Jacques Tizon a été condamné à être pendu et étranglé jusqu'à ce que mort s'ensuive à une potence qui sera plantée, place du Grand-Carrefour en la ville de Mortagne, tous ses biens confisqués après avoir préalablement pris 200 liv. d'amende, en cas que confiscation n'ait lieu.

A l'égard dud. Jean Tizon, violemment soupçonné d'avoir sciemment retenu les deux chemises à lui remises par Jacques son frère et volées aud. Bigot, il a été condamné d'assister led. Jacques à son exécution à laquelle il sera conduit par l'Exécuteur et banni pour trois ans de l'étendue du Baillage de Mortagne.....

La Cour dit qu'il a été bien jugé par le Lieutenant criminel de Mortagne.

. . . .

Signé : LECOUSTURIER.

(11 octobre 1782.)

***ARREST** de la Cour de Parlement qui condamne Pierre Villain dit St-Pierre à être fouetté et marqué des trois lettres G A L ; ce fait mené et conduit ès galères du Roi pour y servir comme forçat le temps et espace de trois ans pour vol d'une montre à boite d'argent et l'avoir vendue à un horloger de la ville de Mortagne.*

Vu par la chambre des vacations le procès criminel commencé en la maréchaussée d'Alençon continué et parfait par le Lieutenant criminel au Baillage de Mortagne.....

Contre Pierre Levilain dit St-Pierre, domestique, prisonnier à la Conciergerie de Paris, sans avoir égard à la déposition de Pierre Baudouin, mt boucher à Alençon, attendu la qualité d'oncle du témoin, ledit Levilain a été déclaré dument atteint et convaincu d'avoir volé, dans l'après midi du Dimanche qui précéda la Mi-Carême derniere, chez le sieur Belliere, contrôleur des vingtièmes, dt en la ville de Mortagne, rue et Porte de Rouen, pse St-Jean, une montre à boite d'argent et aiguilles de similor qui était suspendue à la cheminée du salon à manger, d'avoir voulu la vendre à différentes personnes et de l'avoir enfin vendue moyennant 24 liv. à Jean-Guillaume Latour, md Horloger à Mortagne, dt rue St-Nicolas, pse Notre-Dame.

. . . .

Pour réparation de quoi ledit Pierre Levillain dit St-Pierre a été condamné à être battu et fustigé nud de verges sur les épaules es carrefours et lieux accoutumés de la ville de Mortagne et de la conduit sur la place du Pilory pour y être attaché au carcan et y rester pendant deux heures, le marché tenant, ensuite flétri d'un fer chaud sur l'épaule dextre en forme des lettres G A L, et à servir comme forçat sur les galères du Roi pendant l'espace de trois ans.....

La Chambre condamne, etc. *(aux peines ci dessus sauf les deux heures de carcan).*

Signé : LECOUSTURIER.

(19 juillet 1783.)

***ARREST** de la Cour de Parlement qui condamre Joseph Leprou et Jean Leguay à être attachés chacun à des poteaux qui pour cet effet seront plantés dans la Place publique de la Ville de Mortagne et y demeurer un jour de marché pendant deux heures, ayant chacun écriteau devant et derriere portant ces mots « voleur en foire », et audit lieu fouettés et marqués des lettres G A L, ce fait, menés et conduits ès galères du Roy pour y servir comme forçats, chacun le temps et espace de trois ans.*

Vu le procès criminel commencé en la maréchaussée d'Alençon, continué fait et parfait par le Lieutenant criminel au Baillage de Mortagne.....

Contre Joseph Leprou se disant m⁴ quincaillier, d¹ p⁰⁰ Montallier, près S¹-Calais; Jean Leguay, m¹ de chaussons, d¹ p⁰⁰ de Brezolles, près Verneuil, et Jacques-Louis Dufour, m⁴ de lacets, prisonniers à la Conciergerie de Paris, accusés led. Joseph Lepron et dument convaincu d'avoir volé le samedi 9 Février 1782 sur les neuf heures du matin pendant le marché, rue des Halles à Mortagne, une vessie en forme de bourse contenant deux écus de six liv., un de trois livres, une pièce de vingt-quatre sols, un autre de six sols et douze sols six deniers en sols marqués et liards dans le gousset de la culotte dudit Pierre Bidault, couvreur au bourg de Soligny et de l'avoir remise furtivement et à la même heure à Jean Leguay son complice; led. Jean Leguay aussi dument convaincu d'avoir ledit jour et à la même heure, récélé sciemment ladite bourse, quoique volée, et d'en avoir été trouvé saisi lors de sa capture; led. Jacques-Louis Dufour, violemment soupçonné d'avoir été de société avec Lepron et Leguay et plusieurs autres filous qui se trouvèrent le même jour au marché de Mortagne; d'avoir cherché à favoriser leur vol et d'avoir volé lui-même un mouchoir de coton à carreaux rouges, bleus et blancs dans l'une des poches de la veste de Jean Drouin fils, tuilier, d¹ p⁰⁰ du Pin et de l'avoir laissé tomber par terre dans la crainte d'en être trouvé nanti.

Pour réparation de quoi lesdits Lepron et Leguay ont été condamnés, etc. (comme ci-dessus)..... et en ce qui touche Louis Dufour il sera plus amplement informé.

La Cour..... condamne..... etc.

Signé : LECOUSTURIER.

(13 février 1784.)

ARREST de la Cour de Parlement qui condamne Charles Fourmont à être rompu vif par l'Exécuteur de la Haute justice sur un échafaud qui sera dressé dans la place de S¹-Sauveur de la Ville de Bellesme, led. Fourmont préalablement appliqué à la question ordinaire et extraordinaire, pour avoir par sa bouche la révélation de ses complices; pour avoir le jour de la Purification de l'an 1782, à onze heures du soir, de complicité avec les nommés Richard et Louis Pierre, ci-devant exécutés à mort, volé sur la grande route de la Ville de Bellesme à Mamers, une somme de neuf livres au nommé Cornué dont Charles Fourmont a profité d'un écu.

Vu par la Cour le procès criminel fait par le Lieutenant criminel au Baillage de Bellême.....

Contre Charles Fourmont, soupçonné d'avoir volé des gerbes de dimes, du foin, du bois et autres denrées, convaincu d'avoir volé au nommé Bouton, il y a deux ans et demi un jeune arbre, qui était complanté sur son héritage, et de l'avoir replanté sur le sien, et d'avoir le jour de la Purification 1782, à onze heures du soir, de complicité avec les nommés Richard et Louis Pierre suppliciés, volé dans la grande route de la ville de Bellême à Mamers une somme de neuf livres en trois petits écus au nommé Cornué, affranchisseur d' p** de Vaunoise et dont led. Fourmont a profité de l'un des trois écus.

Pour réparation de quoi led. Fourmont a été condamné à avoir les bras, jambes, cuisses et reins rompus vif sur un échaffaud dressé sur la place S*-Sauveur de Bellême vis-à-vis du Palais et ensuite mis sur une roue, la face tournée vers le ciel pour y rester tant et si longtemps qu'il plairait à Dieu de lui conserver la vie ; ce fait son corps mort porté par led. Exécuteur et exposé sur la grande route de la ville de Bellême à Mamers vis-à-vis la tuilerie du nommé Drouin, lieu où le vol des neuf livres a été commis ; et led. Fourmont préalablement à son exécution appliqué à la question ordinaire et extraordinaire, tous ses biens confisqués au profit de Monsieur et sur iceux pris 200 liv. d'amende en cas où la confiscation n'aurait lieu (1).

. . . .

La Cour condamne, etc., etc.

Signé : LECOUSTURIER.

(12 août 1784.)

ARREST de la Cour de Parlement qui condamne Marin Letourneur et Marin R......, journaliers, à avoir les bras, les jambes. cuisses et reins rompus vif sur la place S-Sauveur de Bellême et être leurs corps morts jettés au feu pour y être consommés et leurs cendres jettées au vent, pour avoir assassiné de dessein prémédité la veuve de Michel Méan et Françoise Rousseau, sa petite fille, avec une pelle à bêcher et avoir incendié leur maison.*

Vu par la Cour le procès criminel commencé en la Haute-Justice et Baronnie de Montgaudry, continué et parfait par le Lieutenant criminel au Baillage de Bellême.....

(1) Dans le Perche comme en Normandie. Maine et Bretagne, Anjou et Poitou, les Coutumes n'admettaient la confiscation que pour les meubles seulement et non les immeubles. Du fait de la confiscation prononcée par un juge royal le roi possédait les meubles et une année des revenus des immeubles dans les fiefs et héritages seigneuriaux, ce qui explique la clause des 200 livres d'amende dans le cas où la confiscation n'a pas lieu. Car beaucoup de provinces ne l'appliquaient qu'en cas de lèse-majesté divine ou humaine. Néanmoins la majorité des coutumes admettaient comme celle de Paris que « qui confisque le corps confisque les biens » et en ce cas elle avait lieu au profit du roi pour les biens situés dans l'étendue des justices royales et au profit des seigneurs hauts-justiciers pour les biens situés dans l'étendue de leur haute justice.

Contre Marin Letourneur, journalier au lieu des Houberdières, p^se de Pervenchères, Léonarde Bonert, sa femme ; Marin R....., journalier au lieu de la Mérière, p^se de Viday, Françoise Letourneur, sa femme ; Charles Letourneur, domestique au lieu de la Guétrière, p^se St-Julien-sur-Sarthe ; Jacques Debray, journalier au lieu de Laslin, p^se St-Jouin-de-Blavou, et Charlotte R....., sa femme, prisonniers à la Conciergerie du Palais à Paris. . . . . dument atteints et convaincus savoir : lesdits Letourneur et R..... de s'être introduits dans la maison où résidait Anne Guilloreau, v^ve Michel Méan et Françoise Rousseau, sa petite fille, au village de La Mérière, p^se de Viday, et que Charles Letourneur se présenta comme amant de ladite Françoise Rousseau ; d'avoir de dessein prémédité, les jours de la Purification et Dimanche 23 Février 1777, été chez lesdites v^ve Méan et fille Rousseau, sa petite fille pour les assassiner ; d'avoir de complicité fait ces assassinats avec une pelle à bêcher après avoir soupé chez cette veuve la nuit du 16 au 17 mars de la même année sur les deux heures du matin ; d'avoir forcé un coffre de la maison, d'y avoir pris et volé l'argent qu'il contenait et la majeure partie des effets qui garnissaient cette maison, qu'ils enlevèrent et cachèrent dans la grange dudit Marin Letourneur, attenant à la maison de R....., située au même village de La Mérière, et avoir ensuite pour couvrir leur crime incendié lad. maison, en laquelle ils avaient laissé les cadavres desdites v^ve Méan et fille Rousseau dans leurs habits ; et lad. Françoise Letourneur, femme dud. Marin R....., d'avoir engagé son mari à commettre lesd. assassinats et vols avec Marin et Charles Letourneur, ses frères, en lui disant de faire comme ledit Marin, en ce qu'il était un coquin qui l'assommerait s'il ne faisait pas comme lui ; de s'être enquise à son mari, lors de son retour chez lui, si lesdits assassinats étaient commis et des particularités qui les avaient accompagnés, d'avoir reçu partie des effets volés et récélés dans son coffre et d'en avoir disposé par vente et habillement de ses enfants ; encore led. Marin R..... a été déclaré suffisamment atteint et convaincu d'avoir pris et volé au nommé Jean Crouillère, fermier à la Guilloisière, p^se de Viday, il y a environ 4 à 5 ans une serpe qu'il vendit au nommé Louis Méan, du lieu du Chêne, en lad. p^se pour 28 sols, laquelle il rendit aud. Crouillère et les 28 sols aud. Méan ; enfin led. Marin R..... a été déclaré violemment soupçonné d'avoir volé à la domestique de l'auberge de la Bonne-Chère, p^se de la Madeleine-Bouvet une chemise à l'usage de cette fille en s'en revenant de travailler à la récolte de Beauce, il y aura 4 ans au mois d'août prochain.

Pour réparation de quoi lesdits Marin Letourneur, Marin R..... et Françoise Letourneur ont été condamnés les deux premiers à avoir les bras, jambes, cuisses et reins rompus vifs en place de Bellême, puis mis sur une roue et leurs corps morts jetés au feu pour y être consommés et les cendres jettées au vent, après avoir été soumis à la question ordinaire et extraordinaire (1) ; et

----

(1) La question ordinaire ou extraordinaire s'exerçait alors par l'eau froide ou les brodequins. Dans le premier cas on versait lentement dans la bouche du patient, couché sur le dos, le contenu de quatre ou cinq pots d'étain appelés *coquemars*, équivalant à environ 10 litres d'eau. Dans le second cas, on lui serrait étroitement les jambes avec des cordes, après avoir séparé les

ladite Françoise Letourneur, pendue et étranglée jusqu'à ce que mort s'ensuive, tous leurs biens confisqués au profit de Monsieur, frère du Roi, après avoir prélevé 200 livres d'amende en cas que la confiscation n'ait pas lieu au profit de Monsieur.

Et au regard de Charles Letourneur, Léonarde Bomert, femme dudit Marin Letourneur, Jacques Debray et Charlotte R....., sa femme autres accusés, il a été ordonné qu'il serait sursis jusqu'après l'exécution desd. Letourneur, R..... et Françoise Letourneur, sa femme.....

. . . .

La Cour dit qu'il a été bien jugé par le Lieutenant criminel du Baillage de Bellême, etc.....

Signé : DUFRANC.

<hr>

(28 septembre 1784.)

ARREST de la Cour de Parlement qui condamne Charles Letourneur à être rompu vif par l'Exécuteur de la H^{te}-Justice en la place St-Sauveur de la Ville de Bellême et à être préalablement appliqué à la question pour complicité d'assassinats et vols.

Vu par la chambre des vacations le procès criminel encommencé en la H^{te}-Justice et Baronnie de Montgaudry..... continué, fait et parfait par le Lieutenant criminel du Baillage de Bellême.....

Contre Charles Letourneur, domestique au lieu de la Guerrière, p^{sse} de St-Julien-s.-Sarthe ; Charlotte R....., veuve de Jacques Debray, journalier au lieu de Laslin, p^{sse} de St-Jouin-de-Blavou, et Léonarde Bomert, v^{ve} de Marin Letourneur, journalier aux Houberdières, prisonniers à la Conciergerie..... dument convaincus savoir : ledit Charles Letourneur..... (voir l'accusation ci-dessus du 12 août 1784, jusqu'à l'incendie du 16 au 17 mars)..... et d'avoir profité ... sa portion desdits effets et argent qu'il partagea dans la grange de son frère Marin, au village de la Mérière, avec ce dernier et ledit R.....; et ladite Charlotte R....., veuve de Jacques Debray, d'avoir récélé chez elle pendant huit jours un paquet de quarante pièces de fil que ledit R..... son frère lui porta environ deux mois après lesdits assassinats et lui disait que ce fil lui provenait d'iceux et qu'il le lui apportait pour le soustraire aux perquisitions d'effets qu'on était sur le point de faire et d'avoir profité de la moitié dudit paquet de fil.

Pour réparation de quoi ledit Charles Letourneur a été condamné à avoir les

rotules des genoux et les chevilles des pieds par deux planches solides entre lesquelles on enfonçait des coins de bois ou de fer à coups de maillet. Le nombre des coins pouvait aller jusqu'à douze dans la question extraordinaire et se bornait à six dans la question ordinaire. Le bourreau recevait **20 livres pour sa peine.**

bras, jambes, cuisses et reins rompus vifs, etc. *(voir la peine décrite ci-dessus)* ..... et ladite Charlotte R....., veuve Debray, a été pendue et étranglée jusqu'à ce que mort s'ensuive, etc. (confiscation et 200 l. d'amende)..... Et au regard de Léonarde Bomert, v^e dud. Marin Letourneur (condamné et exécuté) il a été ordonné qu'il serait sursis à faire droit jusqu'après l'exécution desdits Charles Letourneur et Charlotte R.....

..... La Chambre dit qu'il a été bien jugé, etc.....

Signé : LEROY.

———————

(30 mars 1786.)

ARREST de la Cour du Parlement qui condamne Etienne Gouhier à être rompu vif sur la place de Bellême icelui préalablement appliqué à la question ordinaire et extraordinaire pour assassinat et vol avec effraction.

Vu par la Cour le procès criminel commencé en la Justice de la Baronnie de Villeray-Riantz, continué et parfait par le Lieutenant criminel de Bellême, etc.....

Contre le nommé Mouchet et la fille Gouhier, accusés, absens et contumax, et contre Etienne Gouhier, Michel Dourdoigne, Jeanne Gouhier sa femme, Marie Goupil v^e de Nicolas Gouhier dit Nicodème, Jean Riguet, Louis Riboust, Mathurin Pelletier, Marie Gouhier sa femme, Philippe-Antoine Chapelain dit Pellerin, Jeanne-Marie Gibert sa femme, Sébastien Lagrange soupçonné de s'appeler Labranche dit Lagarde ; Jean-Baptiste Leguay dit Charpentier, Margueritte Taurin sa concubine, vivant sous le nom de sa femme, Antoine Turel dit le Calorgne, Jean Turel, Margueritte Vider, concubine dud. Etienne Gouhier, vivant sous le nom de Françoise Jonsain et se qualifiant de femme François Dupré ; Anne Simon v^e de Germain Vider, Pierre Ragueau et Madeleine Lorain, femme de Thomas Boullant dit Latendresse, défendeurs et accusés ; ledit Louis Riboust décédé ès prisons de Bellême, et lesdits Michel Dourdoigne, Marie Goupil et Mathurin Pelletier, décédés à la Conciergerie du Palais à Paris ; dument atteints et convaincus savoir : ledit Etienne Gouhier d'avoir de dessein prémédité avec attroupement et main armée, volé avec effraction externe, une somme très considérable tant en or qu'en argent à Marie-Barbe Féron et à la nommée Anne Pelletier sa domestique, et de les avoir assassinées à leur maison, située au village de la Rondelle, p^se de St-Germain-des-Groys au Grand-Perche, la nuit du 17 au 18 mars 1785, et lesdits Dourdoigne et Jeanne Gouhier, sa femme, d'être réceleurs et complices dudit Gouhier, pour l'avoir reçu et souffert chez eux deux ou trois jours avant ce vol, accompagné d'un autre particulier son complice, leur faisant part du projet qu'ils avaient de faire les vol et assassinat de ladite Féron, et pour immédiatement après ledit vol, avoir reçu des mains dudit Etienne Gouhier, alors accompagné d'un autre homme que celui qu'il avait avec lui avant le vol, quatre-vingts louis simples de vingt-quatre livres en leur disant : « le coup est fait, voilà pour vous taire, » lesquels 80 louis lesdits Dourdoigne et sa femme cachèrent sous un pavé de leur maison, près de la cheminée à droite en entrant où on les a trouvés.

Pour réparation de quoi ledit Etienne Gouhier a été condamné à avoir les bras, jambes, cuisses et reins rompus vifs, sur la place St-Sauveur de Bellême, son corps mis sur une roue, etc..... Lesdits Dourdoigne et Jeanne Gouhier, sa femme à être pendus et étranglés à une potence plantée sur la place St-Sauveur de Bellême, après question préalable, leurs biens confisqués au profit de Monsieur, Frère du Roi, ou 200 liv. d'amende si la confiscation n'a lieu.

. . . .

Et en ce qui touche les autres accusés il sera sursis jusqu'à l'exécution des précédents.

..... La Cour dit qu'il a été bien jugé par le Lieutenant Criminel de Bellême, mal et sans griefs appelé par led. Etienne Gouhier, etc.....

Signé : LECOUSTURIER.

———

(14 décembre 1786.)

ARREST de la Cour de Parlement qui condamne Jean-Baptiste Leguay dit Charpentier, Antoine Turel dit le Calorgne et Jean Turel à être rompus vifs en place de St-Sauveur de la ville de Bellême, vis-à-vis le Palais, préalablement appliqués à la question ordinaire et extraordinaire, pour assassinats et vols avec effraction.

Vu par la Cour le procès criminel commencé en la Justice de la Baronnie de Villeray-Riantz..... continué et parfait par le Lieutenant criminel au Baillage de Bellême.

Contre Jean-Baptiste Leguay dit Charpentier, Antoine Turel dit le Calorgne et Jean Turel, dûment atteints et convaincus de s'être transportés avec attroupement et main armée, de la ville de Tours, leur demeure en la p^sse de Glos, province de Normandie, au domicile de François Vallet dit Beaunoyer, laboureur, et Catherine Cadeau sa femme ; d'avoir à la faveur d'une échelle qu'ils prirent dans la cour, entré par la croisée d'un appartement haut en la maison desdits Beaunoyer et sa femme la nuit du 21 au 22 janvier 1785, de les avoir assassinés, ainsi que Marie-Madeleine Vallet, leur fille, de complicité avec led. Etienne Gouhier exécuté et autres leurs complices et de leur avoir volé, après différentes effractions internes une somme de 24 à 25,000 livres tant en or qu'en argent blanc, une douzaine de chemises à l'usage dudit Beaunoyer, dont six ont été trouvées dans les effets dudit Leguay, des mouchoirs et autres effets ; lesdits accusés ont été pareillement déclarés dûment atteints et convaincus d'avoir de dessein prémédité à main armée et avec attroupement volé, après effraction externe et interne, aussi de complicité avec ledit Etienne Gouhier, exécuté et autres complices, une somme très considérable, tant en or qu'en argent blanc à Marie-Barbe Féron et à la nommée Anne Pelletier, sa domestique et de les avoir assassinées à leur maison, située au village de la Rondelle, p⁾⁾ St-Germain-des-Grois, la nuit du 18 au 19 mars 1785.

Pour réparation de quoi lesdits Leguay, Antoine Turel et Jean Turel ont été condamnés à avoir les bras, jambes, cuisses et reins rompus, etc..... après question ordinaire et extraordinaire, leurs biens confisqués au profit de Monsieur, Frère du Roi, et sur iceux prelevé la somme de 200 liv. d'amende en cas où la confiscation n'aurait lieu, et en ce que touche Jean Riguet, Pierre Ragueau, Jeanne-Marie Gibert, v⁾⁾ de Philippe-Antoine Chapelain, Margueritte Torcin, Marie Gouhier v⁾⁾ de Mathurin Pelletier ; Anne Simon veuve de Germain Vider, et Margueritte Vider, autres accusés, sera sursis après l'exécution des dits condamnés.....

..... La Cour dit qu'il a été bien jugé, etc.....

Signé : LECOURTURIER.

Bellême (Orne), Imp. G. Levayer, 4, place au Blé

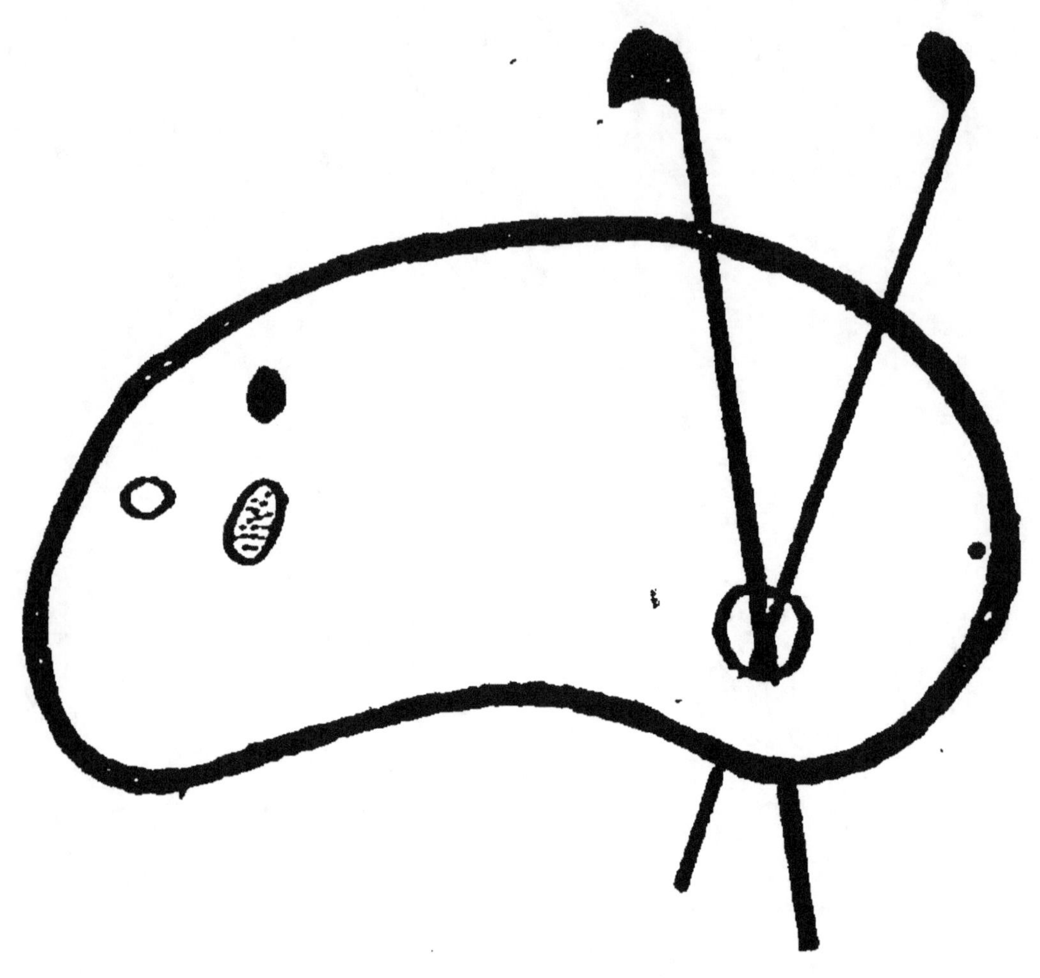

ORIGINAL EN COULEUR

NF Z 43-120-8